Walther Ziegler

Rousseau
en 60 minutes

traduit par
Neïl Belakhdar

Je remercie Rudolf Aichner pour sa direction éditoriale infatigable, Silke Ruthenberg pour la délicate réalisation graphique, Angela Schumitz, Lydia Pointvogl, Eva Amberger, Christiane Hüttner, Martin Engler, Azyadé Belakhdar et Naoual Belakhdar, pour la relecture, et Eleonore Presler, docteur en philosophie, qui a effectué une dernière relecture linguistique et scientifique du texte français. Je remercie aussi monsieur le Professeur Guntram Knapp à qui je dois ma passion pour la philosophie.

Je tiens à remercier tout particulièrement mon traducteur

Neïl Belakhdar

Lui-même philosophe, il a traduit en français, avec soin et précision, mon texte allemand, le complétant, là où nécessaire, de passages adaptés spécifiquement aux besoins du lecteur francophone.

Informations bibliographiques de la Bibliothèque nationale de France :
Cette publication est référencée dans la bibliographie nationale de la Bibliothèque nationale de France.
Les informations bibliographiques détaillées sont disponibles sur internet : www.bnf.fr
© 2019 Dr. Walther Ziegler

Première édition janvier 2019
Conception graphique du contenu et de la couverture: Silke Ruthenberg avec des illustrations de:
Raphael Bräsecke, Creactive - Atelier de publicité, bande dessinée & d'illustrations (dessins)
© JackF - Fotolia.com (cadres)
© Valerie Potapova - Fotolia.com (cadres)
© Svetlana Gryankina - Fotolia.com (bulles entourant les citations)
Édition: BoD – Books on Demand, 12/14 rond-point des Champs Élysées, 75 008 Paris
Impression: BoD – Books on Demand, Norderstedt, Allemagne

ISBN : 9782-3-2210-960-9
Dépôt légal : janvier 2019

Table des matières

La grande découverte de Rousseau   **7**

La pensée centrale de Rousseau   **15**

   Le bon sauvage   15

   Les premiers pas hors de la nature – le mariage et le langage   19

   La malédiction de la sédentarité   24

   La vie hors de soi   27

   Le mensonge de la propriété   31

   L'État comme instrument d'oppression des plus démunis   33

   Retour à la nature ?   38

   Le contrat social comme solution   43

   La volonté générale et la volonté de tous   50

   L'éducation à la liberté naturelle   60

À quoi nous sert aujourd'hui la découverte de Rousseau ?   **68**

   Penser par soi-même – contre les normes établies   68

   Liberté, égalité, fraternité !   71

   Oser plus de démocratie   74

Une vie conforme à la nature	77
L'éducation à la liberté	82
Sortir de la matrice – vivre intensément	86
Index des citations	**93**

La grande découverte de Rousseau

La pensée de Rousseau (1712-1778) est une pensée radicalement critique. Il remit en question presque tout ce que ses contemporains au XVIII? siècle tenaient pour vrai et pour bon : le droit divin, la société d'ordres, l'Église, l'éducation autoritaire, l'État monarchique et ses institutions.

Sa vie durant, il défendit des positions à contre-courant de la pensée dominante, et jusqu'à aujourd'hui, son œuvre n'a rien perdu de son potentiel radical. Bien qu'étant philosophe, artiste et dramaturge, Rousseau n'hésita jamais à critiquer la philosophie, l'art et le théâtre comme étant de simples divertissements, éloignant l'esprit des choses essentielles. Il contribua également au développement de la pédagogie. En plaidant pour le libre épanouissement de l'enfant comme principe d'éducation, il fut le fondateur de la pédagogie antiautoritaire.

Sa critique de toute forme d'oppression ainsi que ses revendications politiques de démocratie et d'égalité ont préparé le terrain à la Révolution française et ont même inspiré les premières utopies socialistes ainsi que le marxisme et la théorie critique de l'École de Francfort. Mais il a également influencé des courants de pensées bien différents, tels que le romantisme ou la philosophie de Nietzsche. En un mot : Rousseau, le non-conformiste, a bouleversé toute l'Europe. Les impulsions intellectuelles auxquelles il a donné lieu furent tout aussi diverses et turbulentes que sa propre vie. Aucun autre philosophe n'a eu de biographie aussi riche.

À la fin de sa vie, à 66 ans, Rousseau aura exercé douze métiers différents, changé de confession deux fois et adopté trois nationalités différentes. Il habita dans plus d'une douzaine d'endroits et aima un nombre considérable de femmes.

Comme si tout cela ne suffisait pas, Rousseau, avec son esprit de contradiction, réussit à se mettre à dos presque tous ceux qui lui avaient été proches et l'avaient soutenu. Au cours de sa vie, il se disputa avec Voltaire, Diderot, d'Alembert et les autres encyclopédistes, tout comme avec Hume, le philosophe écossais, qui l'avait pourtant accueilli chez lui lorsqu'il dût se réfugier en Angleterre à cause de ses écrits.

Rousseau passa la plus grande partie de sa vie sur les routes, à voyager, à errer ou à fuir, persécuté tantôt par l'Église, tantôt par les gouvernements de nations différentes. Recherché à plusieurs reprises par la République de Genève puis par le parlement de Paris, il trouva refuge pour quelque temps à Neufchâtel, une enclave du royaume de Prusse, dont le roi, Frédéric Guillaume, était connu pour son ouverture d'esprit et sa tolérance.

Durant ses longues années de voyage, Rousseau exerça diverses professions : il fut professeur de musique, domestique, professeur particulier, aide d'avocat, copiste, romancier, philosophe, dramaturge et compositeur d'opéras, mais ne gagna jamais assez d'argent pour pouvoir fonder son propre foyer. Il ne fut pourtant pas dénué de talents : il développa ainsi un nouveau système de notation musicale, qui ne réussit cependant jamais à s'imposer, publia des œuvres philosophiques et des romans qui firent fureur. Il composa également des opéras et des drames qui connurent un certain succès.

Sa mère décéda à sa naissance. C'est donc son père qui assura son éducation et qui l'introduisit à la littérature. Mais celui-ci dût s'enfuir de Genève après avoir blessé un officier avec son épée lors d'une altercation et Rousseau, à l'âge de dix ans, fut placé sous la garde de son beau-frère, puis de sa tante à Genève, où il débuta une formation d'horloger. Un dimanche qu'il revint d'une promenade à une heure tardive, il trouva les portes de la ville fermées. Craignant alors d'être battu par le maître horloger, le jeune adolescent âgé de seize ans décida de tourner le dos à Genève à jamais et de partir. Il gagna sa vie par des emplois occasionnels. En beau jeune homme plein d'esprit, il fut nourri et logé par plusieurs nobles. C'est lors de l'un de ces séjours qu'il tomba amoureux de Madame de Warens, alors âgée de vingt-huit ans et qu'il appelait « maman » pour sa tendresse, même plus tard, lorsqu'ils devinrent amants. Le jeune homme se fit rapidement un nom, ce qui lui valut alors de nombreux soutiens et bienfaiteurs, dont Madame d'Épinay, avec laquelle il entretint également une longue liaison. Rousseau passa la plus grande partie de sa vie à fréquenter les cours de riches mécènes, alors même qu'il ne cessât d'appeler dans ses livres à l'égalité entre tous les citoyens et à la suppression de la noblesse.

Toutes ces contradictions faisaient partie intégrante de sa vie. Mais il faut rendre justice à Rousseau et rappeler qu'il était un homme de principe. Lorsqu'en 1756, le roi de France lui proposa une rente viagère pour le récompenser d'un opéra qu'il avait composé, Rousseau, bien que dans le besoin, refusa pour pouvoir continuer à s'exprimer en toute liberté.

La seule continuité que l'on trouve dans sa vie fût sa longue liaison avec la lingère Thérèse le Vasseur, qu'il épousa à l'âge de cinquante-six ans, dix ans avant sa mort, et avec qui il eut cinq enfants. Or - voici une contradiction de plus dans sa vie - il plaça tous ses enfants dans un orphelinat. Chose étonnante, puisque Rousseau est l'auteur d'un ouvrage important sur l'éducation des enfants. Émile ou De l'éducation est en effet une des œuvres pionnières de la pédagogie moderne. Lorsque son ami Voltaire lui signala cette contradiction, il répondit qu'en tant qu'écrivain, il ne disposait ni du temps ni de l'argent nécessaires pour se consacrer à l'éducation de ses enfants. C'est justement parce qu'il avait conscience de l'attention et des efforts qu'exigeait cette tâche qu'il sentait qu'il ne pouvait, ni lui ni sa femme Thérèse qui travaillait comme lingère pour assurer leur subsistance commune, en assumer la responsabilité.

Malgré cette justification et la situation précaire dans laquelle il vivait, il reste étrange que l'auteur d'une œuvre pédagogique aussi novatrice ait refusé d'assumer l'éducation de ses propres enfants. Mais Rousseau n'était assurément pas un homme de la pratique ; il était un libre penseur – un esprit audacieux et intransigeant.

C'est au tout début de ses années d'errance que lui

vint l'élément décisif de sa pensée, qui, selon ses dires, bouleversa toute sa vie et constitua le cœur de sa philosophie. Rousseau était en route pour aller voir son ami Diderot, incarcéré à Vincennes une fois de plus à cause de son Encyclopédie. Il tomba alors, dans le journal Le Mercure de France, sur l'annonce d'un concours lancé par l'Académie de Dijon, qui posait la question suivante : « Le rétablissement des sciences et des arts a-t-il contribué à épurer ou à corrompre les mœurs ? ». Évidemment, l'Académie reçut un grand nombre de réponses résolument positives à cette question. Rousseau fut alors le seul à porter un jugement contraire. En réfléchissant à la question, il eut, comme il dit, une expérience surnaturelle, une sorte d'illumination, qui le fit douter de tous les progrès de la civilisation. Il décrit cette expérience dans une lettre à un de ses amis :

> Tout à coup je me sens l'esprit ébloui de mille lumières ; [...] Une violente palpitation m'oppresse, soulève ma poitrine ; ne pouvant plus respirer en marchant, je me laisse tomber sous un des arbres de l'avenue [...]. Oh ! Monsieur, si j'avais jamais pu écrire le quart de ce

La grande découverte de Rousseau

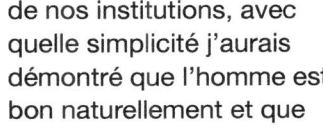

que j'ai vu et senti sous cet arbre, avec quelle clarté j'aurais fait voir toutes les contradictions du système social, avec quelle force j'aurais exposé tous les abus de nos institutions, avec quelle simplicité j'aurais démontré que l'homme est bon naturellement et que c'est par ces institutions seules que les hommes deviennent méchants. [2]

Même si Rousseau affirme ici n'avoir pu mettre par écrit qu'une partie de ses pensées, il a tout de même réussi à en saisir l'essentiel. Pour Rousseau, contrairement à une croyance communément partagée, le progrès ne mène pas d'un état sauvage à la civilisation ou de la barbarie à la loi et à la morale, mais, au contraire, d'une beauté originelle et simple à la corruption et à la décadence :

> Nos âmes se sont corrompues à mesure que nos sciences et nos arts se sont avancés à la perfection. ³

L'homme, écrit-il dans sa réponse à la question de l'Académie de Dijon, est bon par nature ; ce n'est que par la société et la civilisation qu'il devient méchant. C'est avec cette thèse provocante qu'il obtint le premier prix. Son essai fut publié et il acquit une notoriété dans toute l'Europe.

La pensée centrale de Rousseau

Le bon sauvage

Après ce premier succès, Rousseau participa à un deuxième concours, qui posait la question : Quelle est l'origine de l'inégalité parmi les hommes ? Tout comme dans son premier discours, Rousseau y expose la thèse radicale selon laquelle l'inégalité serait une conséquence de la civilisation. À l'origine, affirme-t-il, c'est-à-dire au début de l'histoire de l'humanité, tous les hommes étaient égaux et les fruits de la terre partagés par tous.

Dans cet état originaire, l'état de nature, il n'y aurait eu ni châteaux ni huttes, et, par conséquent, ni riches ni pauvres. Les hommes vivaient dans les forêts et assuraient leur survie par la chasse et la cueillette. Ils n'étaient ni avides, ni orgueilleux, ni jaloux. Ils vivaient au jour le jour, paisibles et calmes, guidés par leurs instincts :

> Accoutumés dès l'enfance aux intempéries de l'air, et à la rigueur des saisons, exercés à la fatigue, et forcés de défendre nus et sans armes leur vie et leur proie contre les autres bêtes féroces, ou de leur échapper à la course, les hommes se forment un tempérament robuste et presque inaltérable. [4]

La vie à l'air libre, la chasse et le risque constant d'être attaqués par des animaux sauvages procurèrent à ces premiers hommes un physique aguerri ainsi qu'une beauté et une santé robustes. Contrairement à aujourd'hui, les hommes d'antan étaient musclés et ne connaissaient guère les maladies de civilisation comme les problèmes de poids ou les maladies cardiaques. Selon Rousseau, on peut encore observer cette bonne santé naturelle chez les tribus amérindiennes encore existantes :

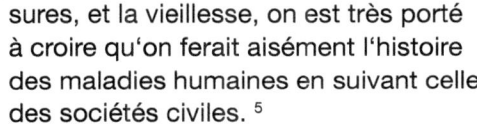

> Quand on songe à la bonne constitution des sauvages, au moins de ceux que nous n'avons pas perdus avec nos liqueurs fortes, quand on sait qu'ils ne connaissent presque d'autres maladies que les blessures, et la vieillesse, on est très porté à croire qu'on ferait aisément l'histoire des maladies humaines en suivant celle des sociétés civiles. ⁵

La supériorité du bon sauvage par rapport à l'homme moderne, selon Rousseau, ne tiendrait pas qu'à son physique, mais également à son caractère. Car l'homme sauvage errait seul dans les forêts et ne se préoccupait guère de son apparence :

> Ils n'avaient entre eux aucune espèce de commerce, [...] ne connaissaient par conséquent ni la vanité, ni la considération, ni l'estime, ni le mépris, [et] n'avaient pas la moindre notion du tien et du mien [...]. ⁶

La solitude préservait les premiers hommes de la vanité de l'homme moderne. Et pourtant, le chasseur-cueilleur primitif était lui aussi déjà capable d'éprouver de la pitié. Il n'est certes préoccupé que par sa propre survie, animé par le sain sentiment d'amour de soi, mais il n'en est pas moins capable d'éprouver naturellement de l'empathie :

> Il y a [un] principe [...] qui tempère l'ardeur qu'il a pour son bien-être par une répugnance innée à voir souffrir son semblable. [7]

Dans l'état de nature, ces beaux hommes sauvages possèdent donc déjà une première vertu innée :

> Je parle de la pitié, disposition convenable à des êtres aussi faibles, et sujets à autant de maux que nous le sommes ; vertu d'autant plus universelle et d'autant plus utile à l'homme qu'elle précède en lui l'usage de toute réflexion [...]. [8]

Or, l'équilibre naturel entre le sentiment de pitié d'une part et l'amour de soi de l'autre se perd au fur et à mesure qu'avance le processus de civilisation. Car la vie urbaine remplace le sentiment naturel et sain qu'est l'amour de soi par l'amour propre, qui n'est qu'orgueil et égoïsme. Le bon sauvage n'est préoccupé que par sa propre survie, alors que le caractère du bourgeois se dégrade plus il accumule de biens. Voulant posséder plus que les autres, il ne cesse de se comparer à eux et devient jaloux et avide d'argent et de gloire.

Les premiers pas hors de la nature – le mariage et le langage

L'institution du mariage était inconnue aux hommes de l'état de nature. En effet, comment se seraient-ils promis la fidélité éternelle, ne connaissant ni mots ni langage ? Ces hommes-là vivaient dans la promiscuité la plus complète, changeant de partenaire sexuel comme bon leur semblait :

> [L]es mâles et les femelles s'unissaient fortuitement selon la rencontre, l'occasion, et le désir, sans que la parole fût un interprète fort nécessaire des choses qu'ils avaient à se dire : ils se quittaient avec la même facilité. [9]

Homme et femme se séparant après l'acte sexuel, qu'en est-il de l'éducation des enfants ? Rousseau suppose que les femmes étaient capables d'en assumer à elles seules la responsabilité, soulignant par-là l'indépendance caractéristique du bon sauvage. Les relations de longue durée paraissaient contre-nature, le désir sexuel ne durant qu'un moment et les hommes originaires ne faisant pas la différence entre le plaisir et l'amour, le sexe et le mariage :

> Bornés au seul physique de l'amour, [ils étaient] assez heureux pour ignorer ces préférences qui en irritent le sentiment et en augmentent les difficultés. [10]

Rousseau s'oppose ici à la théorie de John Locke selon laquelle il existerait chez l'homme et l'animal une disposition naturelle à éduquer les enfants conjointement, et à ne se séparer qu'une fois les enfants capables de se nourrir de manière autonome. Or, selon Rousseau, une telle disposition ne pouvait pas apparaître dans l'état de nature, car les conséquences de l'acte sexuel ne devenaient visibles qu'après quelques mois, le couple s'étant alors déjà séparé depuis bien longtemps :

> L'appétit satisfait, l'homme n'a plus besoin de telle femme, ni la femme de tel homme. [...] L'un s'en va d'un côté, l'autre d'un autre, et il n'y a pas d'apparence qu'au bout de neuf mois ils aient la mémoire de s'être connus [...]. [11]

L'amour conjugal est donc quelque chose de bien artificiel pour Rousseau, une construction introduite par la civilisation. Ce que nous entendons aujourd'hui par le terme d'amour n'est, pour Rousseau, qu'un artefact, une sournoise invention des femmes pour dominer le sexe masculin :

> Or il est facile de voir que le moral de l'amour est un sentiment factice [...] célébré par les femmes avec beaucoup d'habileté et de soin pour établir leur empire, et rendre dominant le sexe qui devrait obéir. Ce sentiment étant fondé sur certaines notions du mérite ou de la beauté qu'un sauvage n'est point en état d'avoir, et sur des comparaisons qu'il n'est point en état de faire, doit être presque nul pour lui. 12

Le sauvage n'ayant aucune notion d'un idéal de beauté, le choix du partenaire n'est pas une question de goût et ne pose pas de grandes difficultés aux amants :

> Il écoute uniquement le tempérament qu'il a reçu de la nature, et non le goût qu'il n'a pu acquérir, et toute femme est bonne pour lui. 13

Par une série de catastrophes naturelles et l'accroissement de la population, les hommes sont amenés à se fréquenter de plus en plus souvent, jusqu'à former les premières communautés. Apparaissent alors le langage, la réflexion, puis la philosophie. Rousseau voit dans cette évolution une dégradation, une regrettable perte d'instinct par rapport à l'état animal :

J'ose presque assurer, que l'état de réflexion est un état contre nature, et que l'homme qui médite est un animal dépravé. [14]

Ce processus de socialisation devenu irrémédiable, le bel homme sauvage quitte les forêts et crée, avec d'autres, les premières cités.

La malédiction de la sédentarité

Pourquoi les premiers hommes se sont-ils alors regroupés en hordes et en tribus, s'ils étaient plus heureux solitaires, à l'état de nature, comme le prétend Rousseau ? Sa réponse est intéressante : l'homme possède la faculté naturelle de se perfectionner. Il essaie sans cesse d'améliorer et de rendre plus vivable son quotidien. C'est cette quête de meilleures conditions de vie qui a poussé les hommes à sortir des forêts pour s'installer dans des habitations humaines. Les nuits en pleine nature étant froides et pluvieuses, les premiers hommes cherchèrent tout d'abord refuge dans des grottes ou sous des arbres. Lorsque cela ne leur convint plus, ils devinrent inventifs :

On trouva quelques sortes de haches de pierres dures et tranchantes, qui servirent à couper du bois, creuser la terre et faire des huttes de branchages, qu'on s'avisa ensuite d'enduire d'argile et de

La pensée centrale de Rousseau

> boue. Ce fut là l'époque d'une première révolution qui forma l'établissement et la distinction des familles, et qui introduisit une sorte de propriété ; d'où peut-être naquirent déjà bien des querelles et des combats. [15]

À peine les bons sauvages eurent-ils donc quitté les forêts et construit les premières habitations que commencèrent les querelles pour savoir qui aurait la plus grande et la plus belle maison. La prochaine étape vers la civilisation fut l'introduction du labourage et de l'élevage. Là encore, c'est une volonté de confort qui, selon Rousseau, aurait poussé l'homme à quitter l'état de nature. Alors que les chasseurs-cueilleurs étaient obligés de courir après les animaux sauvages et de se mettre à la recherche souvent pénible de fruits et de baies, les hommes élevèrent dorénavant les animaux dans des enclos et plantèrent leurs fruits devant leur porte. Or, ils payèrent ce confort par un prix très élevé, car :

> Les vastes forêts se changèrent en des campagnes riantes qu'il fallut arroser de la sueur des hommes, et dans lesquelles on vit bientôt l'esclavage et la misère germer et croître avec les moissons. [16]

Il était certes plus fiable et sécurisant de travailler des champs et de stocker des réserves que de compter sur la chasse avec ses proies incertaines. Mais l'agriculture exigea dorénavant un travail et un effort réguliers et incessants. Les hommes habitaient en communauté dans des fermes et des villages, et les premières différences visibles entre paysans propriétaires et simples travailleurs apparurent. La liberté et l'égalité naturelles entre les hommes furent alors détruites. Il y eut des hommes jouissant du respect et de l'estime de la communauté et des hommes méprisés, vivant aux marges de la société.

Une telle hiérarchie n'aurait pas pu exister dans l'état de nature, où les chasseurs-cueilleurs erraient isolés dans les forêts. La conscience du « mien et du tien », c'est-à-dire la conscience de posséder quelque chose ou au contraire de ne rien posséder, ne se développa selon Rousseau qu'avec l'agriculture.

La vie hors de soi

La vie sédentaire entraîna aussi un autre problème. Les hommes, vivant désormais en communauté, se côtoyaient quotidiennement et célébraient des fêtes communes. Or, cela eût, pour Rousseau, des conséquences fatales :

> On s'accoutuma à s'assembler devant les cabanes ou autour d'un grand arbre : le chant et la danse, vrais enfants de l'amour et du loisir, devinrent l'amusement ou plutôt l'occupation des hommes et des femmes oisifs et attroupés.

> Chacun commença à regarder les autres et à vouloir être regardé soi-même, et l'estime publique eut un prix. Celui qui chantait ou dansait le mieux ; le plus beau, le plus fort, le plus adroit ou le plus éloquent devint le plus considéré, et ce fut là le premier pas vers l'inégalité, et vers le vice en même temps […]. 17

Avec les chants, le langage et la pensée, naquirent les proverbes, les conventions de langage et les formules de politesse. Les hommes commencèrent à dire « merci », « je vous en prie », à s'adresser l'un à l'autre avec des titres, choses qui étaient entièrement étrangères au bon sauvage. Petit à petit, les manières devinrent de plus en plus sophistiquées, et l'on vit apparaître la politesse, l'étiquette, et les bonnes manières. Autrefois, le visage du bon sauvage exprimait ouvertement sa colère ou sa joie. Lorsque deux sauvages se croisaient, ils reconnaissaient immédiatement si l'autre était d'humeur agressive, paisible ou craintive. Ils se comportaient avec spontanéité et sans gêne aucune. L'individu n'était responsable que de soi-même et ne suivait que son propre tempérament. Cette magnifique spontanéité de l'homme se perdit entièrement avec l'apparition de la culture :

Aujourd'hui [...] il règne dans nos mœurs une vile et trompeuse uniformité, et tous les esprits semblent avoir été jetés dans un même moule :

sans cesse la politesse exige, la bienséance ordonne : sans cesse on suit des usages, jamais son propre génie. [18]

Cette soumission totale aux conventions mène alors à une perte croissante d'authenticité. De plus en plus, les hommes simulent leurs émotions, et soupçonnent autrui d'en faire de même.

On n'ose plus paraître ce qu'on est ; et dans cette contrainte perpétuelle, les hommes qui forment ce troupeau qu'on appelle société, placés

> dans les mêmes circonstances, feront tous les mêmes choses si des motifs plus puissants ne les en détournent. On ne saura donc jamais bien à qui l'on a affaire. [19]

Chacun voulant paraître supérieur aux yeux des autres, on ne se comporte plus qu'en fonction du regard d'autrui :

> Le sauvage vit en lui-même ; l'homme sociable toujours hors de lui ne sait vivre que dans l'opinion des autres, et c'est, pour ainsi dire, de leur seul jugement qu'il tire le sentiment de sa propre existence. [20]

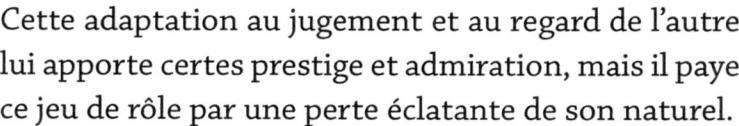

Cette adaptation au jugement et au regard de l'autre lui apporte certes prestige et admiration, mais il paye ce jeu de rôle par une perte éclatante de son naturel.

Le mensonge de la propriété

Rousseau qualifie l'appropriation de terres par les premiers paysans comme le tournant le plus fatal dans l'histoire humaine. Il décrit l'apparition de la propriété dans ces fameuses lignes :

Le premier qui, ayant enclos un terrain, s'avisa de dire, ceci est à moi, et trouva des gens assez simples pour le croire, fut le vrai fondateur de la société civile. Que de crimes, de guerres, de meurtres, que de misères et d'horreurs, n'eût point épargnés au Genre-humain celui qui, arrachant les pieux ou comblant le fossé, eût crié à ses semblables : Gardez-vous d'écouter cet imposteur ; Vous êtes perdus, si vous oubliez que les fruits sont à tous, et que la Terre n'est à personne […]. [21]

Car l'apparition de la propriété divisa l'humanité en classes, en pauvres et en riches, en propriétaires et en démunis. La propriété se révèle ainsi être la source principale des vices de la modernité. Avec elle apparaissent chez les pauvres la jalousie, l'envie et la honte, chez les riches la cupidité, l'orgueil et le mépris. Chacun désire dorénavant posséder les plus vastes terres, la plus belle maison, le plus grand nombre de manufactures et d'usines. Se mit ainsi en marche une compétition sans limites pour la richesse et le prestige. L'apparition de la propriété marqua le début d'une phase dans laquelle, selon Rousseau, chacun cherche à faire son bonheur aux dépens de l'autre. Tout cela ne pouvait pas exister dans l'état de nature, car le bon sauvage, ne connaissant pas la richesse, ne pouvait la désirer :

[S]es désirs ne passent pas ses besoins physiques […] ; les seuls biens qu'il connaisse dans l'univers sont la nourriture, une femelle et le repos ; les seuls maux qu'il craigne sont la douleur et la faim […]. 22

Pour certains, l'introduction de la propriété signifia le début d'une vie de luxe, mais pour la majorité, elle fut synonyme d'oppression perpétuelle.

L'État comme instrument d'oppression des plus démunis

Le propriétaire terrien qui avait réussi à enclore des terrains ne tirait au départ que peu de bénéfices de sa propriété. Car il devait sans cesse craindre l'arrivée d'individus plus puissants, capables de lui voler sa récolte ou même de le chasser de son terrain. Rousseau suppose que les conflits des premiers paysans autour de la propriété des terres cultivables devaient être particulièrement violents, et qu'ils devaient être en permanence sur leurs gardes, prêts au combat :

> Il s'élevait entre le droit du plus fort et le droit du premier occupant un conflit perpétuel qui ne se terminait que par des combats et des meurtres. [23]

Même un propriétaire doté d'un physique puissant et maniant habilement les armes ne pouvait à aucun moment se sentir en sécurité. Car il arrivait que les affamés et les miséreux, errant à la recherche de nourriture, se regroupent pour faire cause commune :

> Seul contre tous, et ne pouvant à cause des jalousies mutuelles s'unir avec ses égaux contre des ennemis unis par l'espoir commun du pillage, le riche, pressé par la nécessité, conçut enfin le projet le plus réfléchi qui soit jamais entré dans l'esprit humain. [24]

Pour mettre fin à cet état d'insécurité constante, les riches essayèrent de fonder des États dans lesquels ils n'auraient pas à défendre eux-mêmes leur terrain par les armes, mais où un corps de policiers se chargerait à leur place de cette périlleuse tâche. À la place du droit naturel, le droit du plus fort, le riche introduisit un nouveau droit, artificiel, capable de garantir sa sécurité. Cet État, avec ses lois et ses juges, représentait pour lui un excellent bouclier pour tenir à distance les pauvres. Mais pour convaincre ces derniers de l'utilité de fonder un État, il lui fallut user de nombreux subterfuges et de son pouvoir de persuasion :

La pensée centrale de Rousseau

« Unissons-nous, leur dit-il, pour garantir de l'oppression les faibles [...]. En un mot, au lieu de tourner nos forces contre nous-mêmes, rassemblons-les en un pouvoir suprême qui nous gouverne selon de sages lois, qui protège et défend tous les membres de l'association [...] et nous maintienne dans une concorde éternelle. » [25]

Les masses des pauvres, encore très naïfs, crurent aux promesses des riches et acquiescèrent à leur projet. Apparurent alors une série de petits et de grands États. De cette manière, l'usurpation de terres fut rendue légale et les pauvres dépossédés une fois pour toutes :

La société et des lois [...] donnèrent de nouvelles entraves au faible et de nouvelles forces au riche, détruisirent sans retour la liberté naturelle, fixèrent

> pour jamais la loi de la propriété et de l'inégalité, d'une adroite usurpation firent un droit irrévocable [...]. 26

Pour Rousseau, il est donc bien clair que la propriété est une usurpation, c'est-à-dire une appropriation violente et frauduleuse. La terre appartenant par nature à tout le monde, toute appropriation est à ses yeux illégitime.

La fondation d'États fût accompagnée par la création de tout un corps de policiers, de juges et de gardiens de prisons, mettant fin à la liberté et à l'égalité originelles. La sédentarisation, l'agriculture, la propriété, le langage, le mariage et l'État, en un mot, la civilisation, ont donc bel et bien réduit à l'esclavage le fier homme sauvage et mené à une régression du caractère des hommes, y compris des riches. Même les individus détenant les plus hauts postes à la tête de l'État et jouissant du plus grand prestige ne sont, pour Rousseau, que de lamentables exemplaires d'une espèce dégénérée. Il compare ainsi le quotidien d'un ministre engrossi, passant ses journées assis à son bureau, suant sous son costume et sa perruque, à celui d'un musculeux habitant des caraïbes, couvert d'un simple pagne, grimpant sur les palmiers pour cueillir des noix de cocos :

Quel spectacle pour un Caraïbe que les travaux pénibles et enviés d'un ministre européen ! Combien de morts cruelles ne préférerait pas cet indolent sauvage à l'horreur d'une pareille vie […] ? [27]

Tout comme leur physique, les mentalités du sauvage et du ministre contrastent fortement :

Le premier ne respire que le repos et la liberté […]. Au contraire, le citoyen toujours actif sue, s'agite, se tourmente sans cesse pour chercher des occupations encore plus laborieuses : il travaille jusqu'à la mort […]. [28]

Retour à la nature ?

Voici donc le cœur de la pensée rousseauiste : c'est par la civilisation que l'homme devient méchant. Dans l'état de nature, l'homme vit une vie saine et morale, guidé par ses instincts :

> Concluons qu'errant dans les forêts sans industrie, sans parole, sans domicile, sans guerre, et sans liaisons, sans nul besoin de ses semblables, comme sans nul désir de leur nuire, [...] l'homme sauvage [...] ne sentait que ses vrais besoins. [29]

Contrairement au bon sauvage, le bourgeois, égoïste, est incapable de reconnaître lesquels sont ses réels besoins. Sous la plume de Rousseau, le mot « bourgeois », contrairement à celui de « citoyen », a une connotation négative. Le bourgeois n'est pas maître de soi, il vit pour le regard des autres, et n'a d'autres préoccupations que l'argent, l'honneur et le pouvoir.

Rousseau tire donc la conclusion suivante : depuis bien des siècles, le genre humain se trouve sur la mauvaise voie. Voltaire, en réponse à cela, lui écrit dans une lettre les lignes suivantes : « J'ai reçu, Monsieur, votre nouveau livre contre le genre humain. [...] On n'a jamais employé tant d'esprit à vouloir nous rendre Bêtes. Il prend envie de marcher à quatre pattes quand on lit votre ouvrage. » [30]

Rousseau, blessé par le ton moqueur de Voltaire et le dénigrement de sa pensée, se fâcha avec lui, et ajouta à la fin de sa réponse les mots suivants :

> Je ne vous aime point, Monsieur ; [...] Je vous hais, enfin, puisque vous l'avez voulu [...]. [31]

Suite à quoi Voltaire rompit les relations avec Rousseau et remarqua, dans une lettre à d'Alembert, que celui-ci serait devenu « un pauvre fou ». La réaction de Rousseau aux moqueries de Voltaire est tout à fait compréhensible. Car en effet, le reproche selon lequel la critique rousseauiste donnerait envie « de marcher à quatre pattes » repose sur une mécompréhension volontaire du texte de Rousseau, qui n'était évidemment pas aussi naïf que de croire que l'humanité pourrait retourner à l'état de nature :

> Quoi donc ? Faut-il détruire les sociétés, anéantir le tien et le mien, et retourner vivre dans les forêts avec les ours ? Conséquence à la manière de mes adversaires, que j'aime autant prévenir que de leur laisser la honte de la tirer. [32]

Il est impossible à l'état présent, continue Rousseau, de se renourrir « d'herbes et de glands ». Il s'agit bien plus de prendre ses distances avec l'agitation du monde moderne et de revenir intérieurement à notre réelle nature. En effet, Rousseau n'a jamais prononcé ni écrit le slogan « retour à la nature ! » qu'on lui attribue parfois. Il savait parfaitement qu'il n'y avait pas de retour possible. De plus, son hypothèse du bon sauvage et de son caractère incorrompu dans l'état de nature n'est pas à comprendre comme une affirmation historique, mais plutôt comme une construction hypothétique. Il s'agit, selon lui, plus d'un modèle d'argumentation que de faits réellement advenus :

La pensée centrale de Rousseau

Il ne faut pas prendre les recherches, dans lesquelles on peut entrer sur ce sujet, pour des vérités historiques, mais seulement pour des raisonnements hypothétiques et conditionnels ; plus propres à éclaircir la nature des choses, qu'à en montrer la véritable origine [...]. 33

Il ne s'agit donc pas tant pour Rousseau de décrire le développement de l'humanité tel qu'il aurait réellement eu lieu, que de montrer que le monde moderne n'est point le meilleur des mondes possibles et que tout soi-disant progrès de civilisation ne constitue pas nécessairement un réel progrès. La construction théorique qu'est l'état de nature lui sert plutôt d'instrument intellectuel, à l'aide duquel il peut identifier et critiquer les faiblesses de l'état de civilisation :

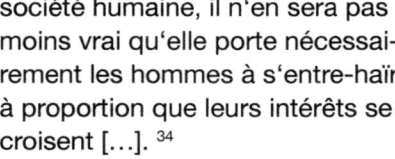

> Les hommes sont méchants ; [...] cependant l'homme est naturellement bon, je crois l'avoir démontré [...]. Qu'on admire tant qu'on voudra la société humaine, il n'en sera pas moins vrai qu'elle porte nécessairement les hommes à s'entre-haïr à proportion que leurs intérêts se croisent [...]. 34

Que faire alors, si tout retour est impossible ? Y a-t-il une issue ou l'humanité court-elle à sa perte ? Et Rousseau se posait cette question cruciale : peut-on vivre dans une société moderne tout en conservant la liberté et l'indépendance propres à l'état de nature ? C'est dans le Contrat social que Rousseau livre une réponse fascinante à cette question controversée.

La pensée centrale de Rousseau

Le contrat social comme solution

Ce livre débute là où se clôt le discours sur l'inégalité, c'est-à-dire avec une brève description du paradoxe de notre monde moderne :

L'homme est né libre, et partout il est dans les fers. [35]

Pour Rousseau, une société juste ne peut en aucun cas être fondée sur la violence et l'oppression des plus faibles, elle doit au contraire garantir la liberté de chacun de ses membres. Mais comment l'homme peut-il conserver son caractère naturellement bon, sa liberté et son indépendance, s'il ne vit plus seul dans les forêts, mais en société ? Doit-il faire des compromis ? Rousseau a résumé cette quête de la société idéale dans les termes suivants :

> Trouver une forme d'association qui défende et protège de toute la force commune la personne et les biens de chaque associé, et par laquelle chacun, s'unissant à tous, n'obéisse pourtant qu'à lui-même, et reste aussi libre qu'auparavant. 36

Mais quelle forme pourrait prendre cette association ? Comment l'homme se soumettrait-il aux juges et aux lois tout en conservant l'indépendance et la liberté dont il jouissait à l'état de nature ? Sa liberté est essentielle à son humanité et ne peut tolérer le moindre empiètement. Il est hors de question qu'il renonce à son autonomie en faveur d'un État, d'un roi ou d'un parlement. Rousseau insiste :

> Renoncer à sa liberté, c'est renoncer à sa qualité d'homme, aux droits de l'humanité, même à ses devoirs. 37

Or, pour fonder un État, il est indispensable que chaque citoyen renonce à l'autonomie totale dont il jouissait auparavant. Il est en effet impossible, au sein d'une société, de ne suivre que ses instincts et ses envies spontanées. Les lois et les règles doivent y être respectées et l'auto-justice proscrite. Conscient de tout cela, Rousseau essaya de résoudre cette contradiction. Il lui fallait trouver le modèle d'un État pouvant garantir à la fois l'entière liberté de l'individu, et la coexistence paisible des membres de la communauté.

Sa réponse est tout aussi surprenante que radicale. Il n'y a, pour Rousseau, qu'une seule forme de gouvernement capable de remplir ces deux exigences : la démocratie directe. Comme dans l'état de nature, chaque citoyen doit, lorsqu'il s'assemble avec d'autres en société, pouvoir rester maître de soi-même et décider librement de son destin. Dans la société idéale, il ne doit y avoir ni maîtres ni sujets, que des citoyens libres, qui se gouvernent eux-mêmes. Aucun roi, prince ou dictateur, aucun parti, député ou gouvernement, seule l'assemblée de tous les citoyens, c'est-à-dire le peuple lui-même, est autorisée à promulguer des lois valables pour tous. Toute autre forme d'organisation contreviendrait au principe d'autodétermination :

« Toute loi que le peuple en personne n'a pas ratifiée est nulle […]. » [38]

Le citoyen ne se soumet donc qu'aux lois qu'il a lui-même conçues de son plein gré. Souverain et sujet en même temps, il ne suit que sa propre loi et reste donc libre. Rousseau résume sa solution du paradoxe de la liberté par la formule suivante :

« L'obéissance à la loi qu'on s'est prescrite est liberté. » [39]

Mais Rousseau est obligé d'admettre que la liberté du citoyen d'un État n'est pas la liberté absolue dont jouit le bon sauvage dans l'état de nature. Car dans l'état civil, l'homme ne peut plus s'approprier tout ce dont il a envie :

La pensée centrale de Rousseau

> Ce que l'homme perd par le contrat social, c'est sa liberté naturelle et un droit illimité à tout ce qui le tente et qu'il peut atteindre ; ce qu'il gagne, c'est la liberté civile et la propriété de tout ce qu'il possède. [40]

Notons que Rousseau admet bien qu'il y a, dans l'État idéal, un droit de propriété. Le citoyen a le droit de garder ce qu'il possède, ce qui semble contredire sa thèse défendue antérieurement selon laquelle la propriété serait par principe une appropriation illégitime. C'est bien pour cette raison que Rousseau précise que la propriété doit être strictement régulée et que le contrat social, dont une des fonctions est de protéger la propriété, doit imposer des obligations bien précises aux propriétaires en faveur de la communauté.

Le contrat social semble donc représenter une solution au grand paradoxe de la liberté naturelle de l'individu d'un côté, et de la soumission aux lois, de l'autre. L'homme, en étant à la fois sujet et souverain, ne doit obéir à personne d'autre qu'à lui-même. Sa liberté reste ainsi conservée. Dans de grandes assemblées, tous les citoyens, qui se sont associés en État en vertu du contrat social, décident ensemble des lois qu'ils veulent se donner. Or, pour que cela fonctionne, il est indispensable que les États soient petits. De plus, les assemblées du peuple doivent être tenues régulièrement et dans des endroits facilement accessibles à tous les citoyens :

Outre les assemblées extraordinaires que des cas imprévus peuvent exiger, il faut qu'il y en ait de fixes et de périodiques que rien ne puisse abolir ni proroger. [41]

Rousseau avait à l'esprit les votes populaires en Suisse ou dans les cités grecques de l'Antiquité. Mais à la différence de celles-ci, les citoyens, dans le Contrat social, ne sont pas supposés élire des hommes d'États comme Périclès qui prendraient en charge la gestion de l'État à leur place. Les membres de l'assemblée doivent eux-mêmes décider des affaires de l'État. Rousseau se méfie profondément de tout type d'intermédiaires, députés ou partis, qui, selon lui, ne représentent trop souvent que les intérêts d'un certain groupe d'électeurs, et non pas le bien commun :

Je dis donc que la souveraineté, n'étant que l'exercice de la volonté générale, ne peut jamais s'aliéner. [42]

Rousseau refuse donc aussi notre modèle actuel de démocratie parlementaire. Les citoyens ne restent libres qu'à condition de promulguer eux-mêmes les lois auxquelles ils sont soumis. Car tant que les lois sont votées à l'unanimité, chacun ne se soumet qu'aux lois qu'il a lui-même conçues. Mais qu'en est-il des cas où le vote d'un homme est vaincu par la majorité ?

Mais on demande comment un homme peut être libre et forcé de se conformer à des volontés qui ne sont pas les siennes. Comment les opposants sont-ils libres et soumis à des lois auxquelles ils n'ont pas consenti ? [43]

Pour répondre à cette question, Rousseau est obligé d'affiner son modèle du vote démocratique par un aspect essentiel. Lors des votes populaires, il ne suffit pas que la majorité impose ses intérêts contre ceux d'une minorité. Il faut qu'avant le vote, la volonté générale prenne la place de l'intérêt particulier chez tous les citoyens. Nous voici arrivés au cœur du modèle rousseauiste de la démocratie, à savoir son appel à la réalisation de la volonté générale.

La volonté générale et la volonté de tous

Lors d'un vote réellement démocratique, les citoyens doivent mettre de côté leur intérêts particuliers égoïstes et n'avoir en vue que le seul intérêt de la communauté. Car si, lors du vote d'une loi, chacun ne poursuit que son intérêt particulier, le résultat ne reflètera que la somme des volontés particulières - la volonté de tous, comme la nomme Rousseau, non sans un certain dédain. La volonté de tous apparaît lorsque le bourgeois, c'est-à-dire le citoyen au tempérament corrompu, vote selon son intérêt égoïste. Or, dans un État idéal, chacun devrait voter en tant que citoyen, c'est-à-dire en ayant à l'esprit ce qu'il pense être l'intérêt de la communauté. Ce n'est qu'ainsi que le résultat du vote pourra représenter la volonté générale.

Prenons le cas d'une loi relative à l'augmentation du salaire des coiffeurs. Le bourgeois égoïste s'y opposera, craignant voir ses dépenses augmenter. Le citoyen, lui, y sera favorable, ayant en vue la volonté générale, c'est-à-dire la paix sociale et une diminution de l'écart entre les salaires.

Rousseau était bien conscient du fait qu'il est difficile d'exiger des citoyens de placer l'intérêt général au-dessus de leurs intérêts particuliers lors de tous les votes. Dans le cas d'un projet de construction d'une décharge publique aux portes de la ville, causant de nombreux dommages aux habitants de la région, peut-on réellement exiger d'eux qu'ils mettent l'intérêt général au-dessus de leurs intérêts, alors même qu'ils sont directement concernés par ce projet ?

En effet, chaque individu peut, comme homme, avoir une volonté particulière contraire ou dissemblable à la volonté générale qu'il a comme citoyen ;

> son intérêt particulier peut lui parler tout autrement que l'intérêt commun. [44]

Dans un tel cas de figure, l'assemblée devra soit décider d'un autre emplacement pour la construction de la décharge, soit payer une compensation aux citoyens concernés. Si, cependant, aucune de ces deux solutions n'est réalisable, les citoyens seront malgré tout tenus de se soumettre à la loi :

> Afin donc que ce pacte social ne soit pas un vain formulaire, il renferme tacitement cet engagement, qui seul peut donner de la force aux autres, que quiconque refusera d'obéir à la volonté générale, y sera contraint par tout le corps ; ce qui ne signifie autre chose sinon qu'on le forcera à être libre […]. [45]

Plus une loi est importante, plus l'assemblée du peuple doit essayer d'obtenir une décision unanime. Mais dans l'urgence, ou si l'unanimité paraît inatteignable, une décision majoritaire doit être acceptée comme étant l'expression de la volonté générale, car, selon Rousseau :

> Quand on propose une loi dans l'assemblée du peuple, ce qu'on leur demande n'est pas précisément s'ils approuvent la proposition ou s'ils la rejettent, mais si elle est conforme ou non à la volonté générale, qui est la leur : chacun en donnant son suffrage dit son avis là-dessus ; et du calcul des voix se tire la déclaration de la volonté générale. Quand donc l'avis contraire au mien l'emporte, cela ne prouve autre chose sinon que je m'étais trompé, et que ce que j'estimais être la volonté générale ne l'était pas. [46]

Le citoyen doit voter en fonction du bien commun et accepter le résultat du vote. La volonté générale est donc infaillible, elle est la plus haute instance morale et législative de la société. Pour cette raison, aucun citoyen n'a le droit de mettre ses convictions religieuses au-dessus des lois. Rousseau se prononce clairement en faveur de la tolérance religieuse, qui garantit le droit de tout citoyen de choisir et de pratiquer librement sa religion. Mais il doit en même temps respecter les membres d'autres communautés religieuses et surtout l'État. Contre les fondamentalistes religieux, Rousseau propose des mesures draconiennes :

Mais quiconque ose dire : Hors de l'Église point de salut, doit être chassé de l'État. [47]

Les citoyens égoïstes qui refusent de se conformer aux lois démocratiques de l'assemblée du peuple ou les transgressent sciemment doivent eux aussi s'attendre à des sanctions fermes de la part de la communauté :

> D'ailleurs, tout malfaiteur, attaquant le droit social, devient [...] traître à la patrie ; il cesse d'en être membre en violant ses lois [...]. Or, comme il s'est reconnu tel, tout au moins par son séjour, il en doit être retranché par l'exil comme infracteur du pacte, ou par la mort comme ennemi public. [48]

Ces procédés radicaux que préconise Rousseau à l'égard de tout citoyen qui placerait son bien individuel au-dessus de l'intérêt commun ainsi que son affirmation du caractère infaillible de la volonté générale ont soulevé la question de savoir si la théorie du contrat social ne contiendrait pas aussi des éléments totalitaires.

En effet, le livre Du contrat social ou Principes du droit politique a provoqué de nombreuses controverses auprès de ses contemporains dans toute l'Europe et a compté, parmi ses lecteurs, de grands penseurs tels que Goethe, Schiller, Kant, Fichte, Hegel et Schelling, mais également des personnages historiques encore méconnus à l'époque, tel le jeune et timide étudiant en droit Maximilien de Robespierre. Il rendit visite à Rousseau peu de temps avant sa mort et jura, enthousiasmé par les longues et intenses conversations avec le philosophe, de mettre en pratique ses idéaux. Pendant la Révolution française, Robespierre devint député de l'Assemblée nationale et fut nommé à la tête du Comité de salut public. Celui qui fût autrefois un jeune étudiant introverti devint alors l'un des plus puissants hommes de France. Il fut dirigeant du groupe des Jacobins qui, comme symbole de leur volonté révolutionnaire, se coiffaient de bonnets phrygiens, dont on raconte qu'ils furent portés lors de soulèvements d'esclaves dans l'Antiquité. Rapidement, Robespierre, réputé et craint pour son caractère austère et sévère, établit un régime de terreur. En fervent partisan des thèses de Rousseau, il persécuta tous les Français qui représentaient, selon lui, des ennemis de la volonté générale. Il les exila du pays ou les condamna à la mort par guillotine, se réclamant du droit de force contre les ennemis de l'État. Il fut finalement lui-même condamné à mort.

Ce sont précisément ces développements historiques qui jusqu'à aujourd'hui alimentent des débats passionnés en sciences politiques autour de la question de savoir si la thèse de Rousseau, selon laquelle l'État aurait le droit de forcer le citoyen à se soumettre à la volonté générale, n'aurait pas préparé la voie au totalitarisme. En effet, Rousseau appelle à punir sévèrement tout traître de la patrie et tout citoyen qui suivrait son intérêt particulier :

> Il peut le bannir, non comme impie, mais comme insociable, comme incapable d'aimer sincèrement les lois, la justice, et d'immoler au besoin sa vie à son devoir. [49]

Cet appel au sacrifice de soi et à la soumission à la volonté générale est-il un premier pas vers la dictature ou bien plutôt une mesure nécessaire pour protéger la démocratie contre ses ennemis intérieurs ?

La question est difficile à résoudre. Car d'un côté, les appels de Rousseau à punir les ennemis de l'État par la peine de mort semblent confirmer le reproche d'un noyau totalitaire de sa pensée. D'un autre côté, Rousseau n'eut de cesse d'insister sur le fait que la volonté générale ne peut prendre forme que lors d'assemblées régulières du peuple entier, et non à partir des élucubrations de représentants aveuglés comme l'était Robespierre :

> Si donc le peuple promet simplement d'obéir, il se dissout par cet acte, il perd sa qualité de peuple ; à l'instant qu'il y a un maître, il n'y a plus de souverain, et dès lors le corps politique est détruit. [50]

Rousseau était donc sans nul doute opposé à tout genre de dictature, et il est certain qu'il aurait catégoriquement refusé le règne de terreur de Robespierre comme étant criminel et anti-démocratique. Et cependant, d'un point de vue moderne, l'idée selon laquelle, lors des votes, les citoyens devraient ne viser que l'intérêt général, au-delà de leurs intérêts particuliers, revêt un caractère utopique. N'est-il pas tout à fait naturel que les salariés et le patronat aient des intérêts divergents, voire opposés ? Des critiques modernes de la théorie politique de Rousseau objectent que dans une économie basée sur la concurrence, il ne peut, par principe, exister de volonté générale objective. Au contraire, il est nécessaire, dans une société pluraliste, de prendre en compte les intérêts particuliers de tous les groupes, à la recherche de compromis. Exiger des salariés, dans une logique rousseauiste, de renoncer à leurs intérêts particuliers au profit de la patrie ou d'un quelconque intérêt général, relèverait d'une idéologie particulièrement dangereuse.

Mais il faut préciser ici que Rousseau vivait dans un monde encore largement précapitaliste et que sa revendication de la réalisation de l'intérêt général est à comprendre dans le contexte de l'oppression du peuple par la noblesse. De plus, il ne faut surtout pas oublier que Rousseau compte parmi les grands représentants de la philosophie des Lumières, plaidant pour la tolérance comme doctrine fondatrice de l'État :

Maintenant qu'il n'y a plus et qu'il ne peut plus y avoir de religion nationale exclusive, on doit tolérer toutes celles qui tolèrent les autres, autant que leurs dogmes n'ont rien de contraire aux devoirs du citoyen. [51]

De plus, avec son appel radical à la démocratie comme seule forme de gouvernement juste, la pensée de Rousseau fut une des étincelles à l'origine de la Révolution française. Il mourut onze ans avant que la première constitution française fût élaborée, inspirée largement de son modèle du contrat social. La devise « Liberté, égalité, fraternité » a en effet son origine dans l'œuvre rousseauiste. On raconte que, lorsque Louis XVI trouva les livres de Rousseau et de Voltaire en prison, il se serait exclamé, pris de colère : « Ces deux hommes ont détruit la France ! ». Rousseau était en effet un important précurseur de la Révolution française et de l'Europe moderne.

L'éducation à la liberté naturelle

Outre son œuvre principale, le Contrat social, Rousseau a également rédigé un important manifeste de pédagogie dans lequel il tente de redonner sa valeur et sa force à la liberté naturelle de l'homme. Rousseau savait très bien qu'un retour à l'état de nature était impossible, car la civilisation s'était bien trop éloignée de ses origines. Même le contrat social et la création de républiques démocratiques ne pouvaient remédier qu'à certains des maux de la civilisation,

La pensée centrale de Rousseau

tels que l'inégalité politique. Mais Rousseau voyait encore une deuxième chance pour libérer les générations futures de l'aliénation sociale – l'éducation des enfants.

Selon Rousseau, il est tout à fait possible d'éduquer les enfants à devenir des êtres naturels, libres et autonomes, malgré toutes les contraintes que leur impose la société basée sur la propriété. Son raisonnement est simple et conséquent. Au fond, dit-il, un nouveau-né a encore l'âme d'un bon sauvage, n'ayant eu aucun contact avec la civilisation. Il commence à zéro, innocent et incorrompu. Comme l'enfant est bon par nature et que sa vertu se développe par elle-même, il faut laisser libre cours à cette évolution. L'éducation doit donc se limiter à un rôle passif ou, comme dit Rousseau, « négatif » :

> La première éducation doit donc être purement négative. Elle consiste, non point à enseigner la vertu ni la vérité, mais à garantir le cœur du vice et l'esprit de l'erreur. [52]

Tout endoctrinement autoritaire de valeurs sociales ou de savoirs culturels par les parents ne ferait que corrompre l'innocence de l'enfant et doit être remplacé par une éducation visant son épanouissement libre et naturel.

Rousseau ne publia pas sa conception de l'éducation sous forme d'un manuel, comme on pourrait s'y attendre, mais sous la forme d'un roman. Émile ou de l'éducation décrit de manière détaillée le processus de maturation du petit Émile, de la plus petite enfance jusqu'à l'âge adulte, et permet à Rousseau de donner un modèle de ce que devrait être à ses yeux l'éducation convenable d'un enfant. Selon lui, dans la pédagogie traditionnelle, les adultes essaient d'éduquer les enfants selon leur volonté, à la manière dont un agriculteur cultive des arbres fruitiers génétiquement modifiés :

> Tout est bien sortant des mains de l'Auteur des choses, tout dégénère entre les mains de l'homme. Il force une terre à nourrir les productions d'une autre, un arbre à porter

La pensée centrale de Rousseau

> les fruits d'un autre ; il mêle et confond les climats, les éléments, les saisons ; il mutile son chien, son cheval, son esclave ; il bouleverse tout, il défigure tout, il aime la difformité, les monstres ; il ne veut

> rien tel que l'a fait la nature, pas même l'homme ; il le faut dresser pour lui, comme un cheval de manège ; il le faut contourner à sa mode, comme un arbre de son jardin. 53

Ces premières phrases de l'Émile expriment parfaitement quelle direction doit prendre l'éducation selon Rousseau. Il ne faut pas chercher à façonner la nature de l'enfant par la contrainte, mais au contraire la laisser croître et s'épanouir librement. Pour cela, le petit Émile va grandir sans tout l'appareillage qu'on avait coutume d'utiliser au dix-huitième siècle :

> Émile n'aura ni bourrelets, ni paniers roulants, ni chariots, ni lisières […]. 54

63

De plus, il faut éviter que des nourrices excessivement protectrices ne l'empêchent de croître librement :

> Au lieu de le laisser croupir dans l'air usé d'une chambre, qu'on le mène journellement au milieu d'un pré. Là, qu'il coure, qu'il s'ébatte, qu'il tombe cent fois le jour, tant mieux : il en apprendra plus tôt à se relever. [55]

Rousseau savait parfaitement qu'on ne pouvait pas laisser grandir les enfants sans surveillance aucune si l'on ne voulait pas risquer qu'ils meurent de faim ou des suites d'un accident. Il proposa donc de les confier à des éducateurs durant les douze premières années de leur vie, dont la tâche consisterait à préserver les enfants de l'effet néfaste de la culture, afin que ni leurs parents, ni une scolarisation précoce ne corrompent leur caractère. Au contraire, il faut que les enfants découvrent le monde à leur manière, guidés par leur curiosité et leur ardeur naturelles :

La pensée centrale de Rousseau

> Je ne saurais trop répéter qu'il n'y a que des objets purement physiques qui puissent intéresser les enfants […]. Tout ce qui tient à l'ordre moral et à l'usage de la société ne doit point sitôt leur être présenté, parce qu'ils ne sont pas en état de l'entendre. [56]

Rousseau conseille d'élever l'enfant à l'aide du principe suivant :

> Qu'il fasse toujours son chef-d'œuvre, et que jamais il ne passe maître. [57]

L'éducateur doit certes être un modèle de vertu et de sincérité, il n'en a pas moins le droit d'avoir recours à certaines astuces pour garder le contrôle sur l'enfant, tout en garantissant son libre épanouissement :

> Sans doute il ne doit faire que ce qu'il veut ; mais il ne doit vouloir que ce que vous voulez qu'il fasse. [58]

Après quelques années, Émile apprend un métier solide et fait une formation de menuisier. Ce n'est qu'à l'âge de douze ans qu'il entame sa socialisation. Ce faisant, le bon développement de ses facultés émotionnelles doit être au premier plan. Lors de l'éveil de sa sexualité, on lui fait faire connaissance de la jeune paysanne Sophie, avec qui il découvre le sentiment d'affection amoureuse. Ce n'est qu'une fois que l'adolescent aura vécu ces premières expériences élémentaires que l'on pourra lui transmettre des normes sociétales abstraites et des règles de comportement.

La pédagogie rousseauiste n'a pas été épargnée des critiques. Le fait que ce ne soit pas Émile mais son éducateur qui choisisse sa première partenaire amoureuse semble contredire le principe si cher à Rousseau de l'autodétermination de l'enfant. De plus, l'idée de laisser les enfants grandir sans contact avec le monde extérieur paraît hautement problématique, car on estime aujourd'hui que le contact et l'échange avec autrui sont nécessaires au sain développement de l'enfant.

Cependant, l'idée rousseauiste d'une éducation anti-autoritaire visant l'auto-épanouissement de l'enfant a constitué un moment important et réellement révolutionnaire. Tout enfant a le droit de découvrir et de former son monde d'après ses propres besoins et ses propres forces. Pour Rousseau, ce n'est qu'ainsi qu'il développera une saine estime de soi et saura adopter une posture critique envers les normes, les règles de comportement et les contraintes imposées par la société. Et en effet, un siècle plus tard, le psychanalyste viennois Sigmund Freud vint soutenir les idées de Rousseau, en déconseillant de traumatiser les enfants en leur imposant des renoncements dès le plus jeune âge.

À quoi nous sert aujourd'hui la découverte de Rousseau ?

Penser par soi-même – contre les normes établies

Sans aucun doute, Rousseau fut un esprit génial, qui, jusqu'à la fin de sa vie, remit en question toutes les valeurs héritées. Il fut ainsi contre la monarchie, contre l'église, contre l'État existant, contre l'inégalité, contre l'éducation traditionnelle des enfants, contre l'institution du mariage et, bien sûr, contre le progrès technique et la destruction de la nature. Son esprit de contradiction le caractérisait, et il en fut conscient dès le début. Ainsi, dès l'introduction au premier discours, il prend clairement ses distances avec la pensée dominante de son temps :

Il y aura dans tous les temps des hommes faits pour être subjugués par les opinions de leur siècle, de leur

À quoi nous sert aujourd'hui la découverte de Rousseau ?

pays, de leur société : [...] Il ne faut point écrire pour de tels lecteurs, quand on veut vivre au-delà de son siècle. 59

Rousseau, lui, voulait vivre au-delà de son siècle. Son but, sans modestie aucune, fut la déconstruction de toutes les valeurs et idées de son époque. Pour cela, il ne recula devant rien.

Les contemporains de Rousseau pensaient que grâce au progrès de la civilisation, l'humanité deviendrait nécessairement plus morale. Rousseau défendit la thèse contraire. Ils considéraient la propriété privée comme le simple résultat d'un héritage, Rousseau y voyait une injustice. La pédagogie de son temps voyait dans l'enfant un être déficitaire, dont il fallait au plus vite faire un adulte. Rousseau, nous l'avons vu, fut d'un avis strictement opposé. Ainsi nous donne-t-il un conseil provocateur :

> Prenez bien le contre-pied de l'usage, et vous ferez presque toujours bien. [60]

Cette règle, Rousseau l'appliqua également à bien d'autres domaines. Ainsi, il refusa le mariage, la vie urbaine et les fêtes de cour, ainsi que les perruques et toute la mode de son temps. Il aima la vie à la campagne et porta parfois, par bravade, un manteau de paysan arménien et un caftan, pour se distinguer des bourgeois de son époque.

Sa critique n'épargna même pas la figure de Dieu. Il refusa ainsi la vision du Dieu-Père anthropomorphe, de même que la liturgie de l'Église, et défendit une vision panthéiste selon laquelle Dieu serait présent dans toute la nature. C'est dans la forêt, plus que dans l'Église, que le croyant lui serait plus proche, et c'est dans son propre cœur, plus que dans les textes bibliques et dans les sermons des prêtres, qu'il le sentirait.

Rousseau éprouva un réel plaisir à s'opposer aux opinions et aux modes de son temps. Il n'est donc pas étonnant qu'il se disputât avec tous ses compagnons, et qu'il passa la moitié de sa vie sur les routes à fuir les persécutions d'institutions religieuses ou mondaines. À Genève, on ordonna de brûler tous ses écrits, et les citoyens de Moîtiers lancèrent des pierres contre sa fenêtre.

Sa biographie et son œuvre nous invitent à adopter une posture critique envers tout type de conventions et de vérités communément admises. Car souvent, ce n'est qu'en dépassant les opinions héritées et conventionnelles que de nouvelles visions peuvent émerger. Si Rousseau a pu parfois aller trop loin, sa radicalité n'en a pas moins donné lieu à d'importantes impulsions.

Liberté, égalité, fraternité !

L'œuvre de Rousseau contient sans nul doute un germe révolutionnaire. Il a explicitement remis en question la monarchie héréditaire. Les idéaux démocratiques de la Révolution française puisent dans la pensée de Rousseau, tout comme la devise « Liberté, égalité, fraternité ». Bien qu'il n'ait pas lui-même vécu la Révolution, sa mémoire y fut tenue en grande estime par les révolutionnaires. Seize ans après sa mort et sous les acclamations de la foule, son tombeau fut transporté au Panthéon, le mausolée des héros nationaux français.

Et, alors que les plus grands esprits tels que Voltaire, Kant ou Hegel défendaient et légitimaient le pouvoir des princes et des rois ou, comme Voltaire, vivaient à leur Cour, Rousseau ne fît aucune concession dans ses écrits :

La première source du mal est l'inégalité ; de l'inégalité sont venues les richesses ; car ces mots de pauvre et de riche sont relatifs, et partout où les hommes seront égaux, il n'y aura ni riches ni pauvres. [61]

À quoi nous sert aujourd'hui la découverte de Rousseau ?

Si on ne savait pas d'avance qui est l'auteur de cette citation, on l'attribuerait volontiers à Marx ou Engels, qui eux aussi voyaient dans l'introduction de la propriété privée le péché originel de l'histoire. Selon eux, tout a commencé avec une société primitive où la propriété privée n'existait pas. Mais chez Marx, la révolution communiste rétablit cet état originel entre les hommes. Rousseau ne tira pas cette conclusion, car il ne pensa pas que la société fondée sur la propriété pouvait être abolie. Pour cela, les marxistes lui reprochèrent un manque de cohérence dans sa théorie politique.

Ses revendications centrales pour établir la liberté, l'égalité et la fraternité sont devenues des piliers de la démocratie moderne. L'égalité de tous les citoyens devant la loi, la scolarité obligatoire et gratuite, l'accès de tous les citoyens à la santé, le droit de vote libre et universel sont des acquis et des résultats de la pensée rousseauiste.

Et en même temps, cet héritage rousseauiste nous engage à la vigilance pour ne pas retomber en deçà de ces normes et de ces valeurs. Actuellement, l'écart entre riches et pauvres se creuse dans presque tous les pays d'Europe, et l'accès à l'éducation et aux professions bien rémunérées reste souvent l'apanage des enfants de bonnes familles. C'est bien maintenant que nous devrions insister pour que soient préservées les revendications de Rousseau, et que nous devrions hisser le drapeau des Lumières au rude vent de la modernité. Car c'est justement dans des sociétés capitalistes, dont les membres sont en concurrence les uns avec les autres, que l'accès égal et libre à l'éducation et à la mobilité doit être un pilier inébranlable.

Oser plus de démocratie

Le modèle rousseauiste d'une démocratie directe dans laquelle les citoyens décideraient eux-mêmes des lois et des principes de la politique à mener lors d'assemblées populaires est jusqu'à aujourd'hui une pierre de touche pour tout régime démocratique.

Dans la plupart des démocraties, les décisions sont encore prises par des représentants, c'est-à-dire des députés ou des partis élus. Or, souvent, les citoyens ne se sentent pas suffisamment pris en compte lors de décisions importantes, notamment lorsque les politiciens ne respectent pas leurs engagements après les élections. La critique de Rousseau envers le Parlement anglais paraît étonnamment actuelle :

> Le peuple Anglais pense être libre, il se trompe fort ; il ne l'est que durant l'élection des membres du parlement : sitôt qu'ils sont élus, il est esclave, il n'est rien. [62]

Évidemment, une démocratie directe sans représentants élus, telle que se l'imaginait Rousseau, sembla pour longtemps irréalisable. Et en effet, il paraît de l'ordre de l'impossible de réunir des millions de français sur une place publique pour les faire voter. Même Rousseau consentait que son modèle de démocratie n'est réalisable que dans de très petits États. Il était conscient du fait que son contrat social n'était qu'une construction idéale, une sorte de démocratie à l'état pur, car, selon Rousseau :

> A prendre le terme dans la rigueur de l'acception, il n'a jamais existé de véritable démocratie, et il n'en existera jamais. […] On ne peut imaginer que le peuple reste incessamment assemblé

> pour vaquer aux affaires publiques, et l'on voit aisément qu'il ne saurait établir pour cela des commissions, sans que la forme de l'administration change. [63]

Le scepticisme de Rousseau envers son propre modèle des assemblées populaires et de la démocratie directe est tout à fait compréhensible, surtout quand on considère qu'il n'existait à son époque ni microphones ni mégaphones pour gérer et mener à bien les discussions et les votes d'un grand nombre de citoyens.

Mais beaucoup de choses qui semblaient utopiques autrefois le sont aujourd'hui de moins en moins. Grâce aux forums, aux blogs et aux autres formes de médias électroniques, les citoyens peuvent s'informer et discuter des propositions de lois et, dans une certaine mesure, participer au processus de décision. Les lois doivent certes être préparées par des commissions spécialisées, mais il est théoriquement tout à fait concevable que les discussions et les votes aient lieu au sein d'une assemblée digitale. Et en effet, dans beaucoup de pays d'Europe, il existe le projet de faire voter les citoyens par voie directe, sur des sujets cruciaux comme par exemple l'énergie nucléaire. Auparavant, de tels votes ne pouvaient avoir lieu que de manière ponctuelle, au moyen de bulletins de vote conventionnels. Mais à l'aune des immenses possibilités qu'offre le progrès technique, notamment des technologies digitales, l'idée rousseauiste d'une participation du peuple à toutes les décisions connaît actuellement une renaissance inégalée. Et en effet, de nombreux facteurs semblent indiquer que, dans le siècle à venir, le parlementarisme sera remplacé par la démocratie directe.

Une vie conforme à la nature

Certains affirment que Rousseau aurait été un des premiers écologistes, le fondateur du mouvement « vert », le premier, donc, à avoir reconnu l'intime interdépendance entre la vie humaine et le cycle de la nature. En effet, Rousseau n'a eu de cesse de rappeler que l'homme doit vivre en harmonie avec son environnement. Il a mis en garde contre les dangers de l'exploitation de la nature et de la production de masse. Au XVIIIe siècle déjà, il critiquait la dénaturation et l'empoisonnement des aliments :

> Si vous pensez aux monstrueux mélanges des aliments, à leurs pernicieux assaisonnements, aux denrées corrompues, aux drogues falsifiées, aux friponneries de ceux qui les vendent et [...] aux poisons des vaisseaux dans lesquels on les prépare ; si vous faites attention aux maladies épidémiques engendrées par le mauvais air parmi des multitudes d'hommes rassemblés, [...] vous sentirez combien la Nature nous fait payer cher le mépris que nous avons fait de ses leçons. 64

S'il voyait l'ampleur des scandales alimentaires d'aujourd'hui ou s'il ne devait observer rien qu'une seule journée le grouillement incessant dans les grands centres urbains, Rousseau se retournerait dans sa tombe. Tous les matins, des milliers d'employés se bousculent dans les couloirs de métros souterrains, achètent à boire et à manger dans des récipients en plastique. Une fois arrivés au bureau, ils respirent de l'air tout juste sorti de la climatisation et passent leurs journées immobiles, assis devant leurs écrans.

Sans aucun doute, Rousseau verrait là une confirmation de sa critique de la civilisation. Sa mise en garde contre la dénaturation des aliments est aujourd'hui plus pertinente que jamais. OGM, plats surgelés et réchauffés au four à micro-ondes, pesticides, épidémies et autres scandales alimentaires, tout cela le choquerait sûrement tout autant que la pollution dans les grandes villes.

Sa mise en garde contre l'accroissement de la population et contre l'urbanisation est également d'une grande actualité.

Lorsqu'en 1755 un grand tremblement de terre à Lisbonne mit fin à la vie de 30.000 personnes, Rousseau écrivit dans une lettre à Voltaire :

> Convenez, par exemple, que la nature n'avait point rassemblé là vingt mille maisons de six à sept étages, et que si les habitants de cette grande ville eussent

> été dispersés plus également, et plus légèrement logés, le dégât eût été beaucoup moindre, et peut-être nul. [65]

Dans la même lignée, on pourrait argumenter avec Rousseau que le grand tsunami qui détruisit de grandes parties de la côte orientale du Japon en mars 2011 aurait eu des conséquences bien moins néfastes si l'on n'avait pas construit des centrales nucléaires près de Fukushima. Rousseau était sans doute le premier à mettre en garde contre les effets de la technologie, et il critiquait déjà le dégagement de substances hautement toxiques lors de la production industrielle de métal.

> Qu'on ajoute à tout cela cette quantité de métiers malsains qui abrègent les jours ou détruisent le tempérament ;

À quoi nous sert aujourd'hui la découverte de Rousseau ?

tels que sont les travaux des mines, les diverses préparations des métaux, des minéraux, surtout du Plomb, du Cuivre, du Mercure, du Cobalt, de l'Arsenic, du Realgar ; […]. [66]

Devant ces réflexions sur l'exploitation de la nature, il est difficile de ne pas caractériser la pensée de Rousseau comme écologiste. Sa revendication centrale était celle d'une vie en harmonie avec la nature. Ainsi, il se démarqua autant de la croyance aveugle dans le progrès technique que de l'injonction biblique de s'assujettir la terre. Rousseau ne concevait pas la nature comme un lieu hostile et sauvage qu'il s'agirait de dominer et de cultiver, mais plutôt comme une sage éducatrice capable de nous montrer la beauté de la vie sur terre. Le prix à payer si nous détruisons les cycles et l'harmonie de la nature est très élevé, qui nous « fait payer cher le mépris que nous avons fait de ses leçons ». Ainsi, on peut tout à fait dire que Rousseau fut un représentant avant l'heure de l'écologie durable. Sa revendication, formulée il y a plus de deux-cent-cinquante ans, de vivre en accord avec la nature est aujourd'hui devenue une question décisive du destin de l'humanité.

L'éducation à la liberté

En tant qu'individus modernes, nous sommes en permanence influencés par les opinions d'autrui, au risque de ne plus faire confiance à nos propres sentiments - une pression que Rousseau fustigea sans mâcher ses mots :

> Toute notre sagesse consiste en préjugés serviles ; tous nos usages ne sont qu'assujettissement, gêne et contrainte. [67]

Il fut un critique passionné de toute forme de contrainte sociale. Il insista sur l'importance d'éduquer les enfants à être des individus autonomes et non de simples suiveurs. Ses contemporains se moquaient de ses idées. Mais deux siècles plus tard, dans les années soixante du XXe siècle, l'idée de l'épanouissement naturel de l'enfant fut reprise avec beaucoup d'enthousiasme.

L'œuvre de Rousseau fut le point de départ d'une pédagogie radicale et réformiste plaidant pour une éducation anti-autoritaire. Pour la première fois, des parents, souvent intellectuels et de gauche, éduquèrent leurs enfants sans avoir recours à la force et à la contrainte, psychique ou physique. Tout type de punition fut désormais décrié et qualifié de « pédagogie noire ». Des psychologues et des éducateurs firent de nombreuses expériences, allant parfois jusqu'à laisser leurs enfants choisir librement leur nourriture. Il s'avéra cependant que l'autonomie totale des enfants n'entraîna pas toujours les résultats souhaités et qu'elle pouvait être particulièrement épuisante pour les parents et les éducateurs.

Après une première vague d'euphorie, le modèle d'une éducation dans laquelle les enfants se développeraient librement sans aucune intervention fut partiellement abandonné ou ajusté.

Même si l'éducation anti-autoritaire semble en partie avoir échoué, de nombreux éléments des idéaux d'éducation de Rousseau sont devenus partie intégrante de la pédagogie contemporaine. Le développement naturel de l'enfant est devenu un concept-clé, et pas uniquement dans des établissements éducatifs alternatifs.

Même des écoles plus conventionnelles essaient d'adapter les programmes d'enseignement aux phases de maturation de l'enfant et d'ancrer l'apprentissage sur ses expériences personnelles et concrètes, comme préconisé par Rousseau, pour mieux favoriser l'épanouissement de ses talents individuels.

Le plaidoyer de Rousseau pour une plus grande liberté de mouvement de l'enfant est lui aussi devenu un élément important de la pédagogie contemporaine. Il ne faut pas oublier qu'à son époque, les méthodes d'éducation étaient encore très rigides. On enveloppait les nouveau-nés dans des cocons pour empêcher qu'ils ne s'agitent. En essayant de réprimer le besoin naturel des enfants de bouger, on voulait éviter qu'ils ne se blessent et les astreindre à se tenir calmement, comme cela est exigé à l'âge adulte.

Rousseau voyait ce type d'intervention pédagogique d'un œil critique :

À quoi nous sert aujourd'hui la découverte de Rousseau ?

> L'homme civil naît, vit et meurt dans l'esclavage : à sa naissance on le coud dans un maillot ; à sa mort on le cloue dans une bière ; tant qu'il garde la figure humaine, il est enchaîné par nos institutions. 68

Il condamnait fermement la tendance de la pédagogie traditionnelle à vouloir brider l'individu dès son enfance. Nos méthodes éducatives, nos habitudes et nos rituels sociaux favorisent-ils le libre épanouissement de l'humain ou sont-ils au contraire facteurs de blocage et de contrainte ? Ce sont des questions que la pensée de Rousseau nous pousse à toujours garder à l'esprit.

Sortir de la matrice – vivre intensément

Même si la France d'autrefois était encore largement paysanne, il y existait déjà des premières manufactures, des sociétés commerciales ainsi qu'un système sophistiqué de finances et de taxation. Rousseau a reconnu ces débuts du capitalisme et mis en garde contre son influence sur l'humain. À la différence des hommes politiques de l'Antiquité, les « Anciens », les élites politiques et économiques d'aujourd'hui réduiraient les hommes à des marchandises et à des consommateurs :

> Les anciens politiques parlaient sans cesse de mœurs et de vertu ; les nôtres ne parlent que de commerce et d'argent. […] Ils évaluent les hommes comme des troupeaux de bétail. Selon eux, un homme ne vaut à l'Etat que la consommation qu'il y fait. [69]

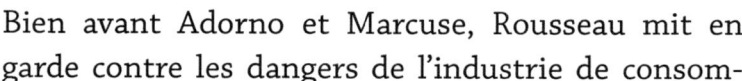

Bien avant Adorno et Marcuse, Rousseau mit en garde contre les dangers de l'industrie de consommation et de la manipulation totale. Car le risque est grand que dans notre course à l'argent et à la gloire, une nature artificielle, la nature de consommateur, vienne remplacer notre réelle nature :

Tout lecteur attentif […] expliquera comment l'âme et les passions humaines, s'altérant insensiblement, changent pour ainsi dire de nature ; pourquoi nos besoins et nos plaisirs changent d'objets à la longue ; pourquoi, l'homme originel s'évanouissant par degrés, la société n'offre plus aux yeux du sage qu'un assemblage d'hommes artificiels et de passions factices […]. [70]

L'appel de Rousseau à nous libérer de la matrice du monde d'artifices et à revenir à notre nature intérieure authentique traverse son œuvre comme un fil conducteur.

Dans son premier discours sur la progressive corruption morale et physique de l'homme dans la civilisation, il déplore le remplacement de la simplicité de notre mode de vie originel, incorrompu et sain, par une vie marquée par le luxe, la vanité et la jalousie.

Dans son second discours sur l'apparition de l'inégalité parmi les hommes, il critique la société capitaliste fondée sur la propriété comme institution artificielle et injuste. Pour Rousseau, tous les hommes sont égaux par nature et ont le même droit sur les fruits de cette terre. C'est l'introduction de la propriété et de l'économie monétaire qui a divisé les hommes en riches et en pauvres, en libres et en esclaves, en puissants et en démunis.

Dans son ouvrage principal, le Contrat social, Rousseau trace les fondements d'une société idéale dans laquelle tout homme conserverait sa nature et sa liberté originelles, tout en vivant en communauté avec les autres dans un État. Sans rois, politiciens, députés, parlementaires et partis, les hommes y décideraient eux-mêmes de leur destin dans des assemblées et resteraient ainsi aussi libres que dans l'état de nature.

Dans sa dernière grande œuvre, l'Émile, Rousseau veut préserver la nature et la liberté originelles de l'homme contre les effets néfastes de l'éducation et de la société. Car il est profondément convaincu que tout homme est bon par nature. C'est le libre épanouissement de cette nature originelle qui devrait être la destinée naturelle de toute jeune personne, et non ce que l'éducation veut en faire :

> Avant la vocation des parents, la nature l'appelle à la vie humaine. Vivre est le métier [...]. [71]

Par nature, nous sommes destinés à vivre. Cette pensée porte en elle une force explosive et exprime une profonde ambivalence de l'existence qui hanta Rousseau sa vie durant. Car d'une part, dès notre naissance, la nature nous appelle à réaliser et à satisfaire pleinement notre curiosité, nos envies et notre joie de vivre, avec confiance, de tout cœur et sans arrière-pensées. Mais très rapidement, de nombreux facteurs créent en nous déception et frustration, nous obligeant à nous adapter, nous conformer, quitte à devoir renoncer à tout ce avec quoi nous étions nés.

Une fois de plus, la radicalité de la philosophie rousseauiste touche au tragique de notre existence. Par nature, nous sommes nés libres, curieux et désireux d'amour, et cependant nous devons, tout au long de notre vie, combattre toutes sortes d'obstacles et de contraintes. Vient alors le triste moment où le calcul et l'adaptation aux impératifs de la vie de tous les jours remplacent l'innocence et la sensibilité de l'enfant. Le travail, la consommation, la recherche de prestige et le monde médiatique des artifices prennent le dessus, jusqu'à dissolution de notre réelle nature dans l'égoïsme petit-bourgeois et l'apathie. Rousseau refusa d'accepter tout cela et nous rappelle notre réelle destinée, la seule que nous ayons sur ce monde :

Dans l'ordre naturel, les hommes étant tous égaux, leur vocation commune est l'état d'homme ; et quiconque est bien élevé pour celui-là ne peut mal remplir ceux qui s'y rapportent. [72]

Index des citations

1. Jean-Jacques Rousseau, Du contrat social ou Principes du droit politique. GF Flammarion, Paris, 2001, p. 46.
2. Jean-Jacques Rousseau, Lettre à Malesherbes du 12 janvier 1762, in Œuvres complètes - tome XIX (dir. R. Trousson, F.S. Eigeldinger). Éditions Slatkine, Genève, Éditions Champion, Paris, 2012, pp. 1015-1016.
3. Jean-Jacques Rousseau, Discours sur les sciences et les arts, in Œuvres complètes – tome IV, p. 404.
4. Jean-Jacques Rousseau, Discours sur l'origine et les fondements de l'inégalité parmi les hommes. GF Flammarion, Paris, 2008, p. 70.
5. Discours sur l'inégalité, p. 75.
6. Discours sur l'inégalité, p. 99.
7. Discours sur l'inégalité, p. 95.
8. Ibidem.
9. Discours sur l'inégalité, pp. 85-86.
10. Discours sur l'inégalité, p. 100.
11. Discours sur l'inégalité, Note XII, p. 187.
12. Discours sur l'inégalité, p. 100.
13. Ibidem.
14. Discours sur l'inégalité, p. 75.
15. Discours sur l'inégalité, pp. 113-114.
16. Discours sur l'inégalité, p. 119.
17. Discours sur l'inégalité, p. 116.
18. Discours sur les sciences et les arts, p. 402.
19. Discours sur les sciences et les arts, p. 402.
20. Discours sur l'inégalité, p. 147.
21. Discours sur l'inégalité, p. 109.
22. Discours sur l'inégalité, p. 81.
23. Discours sur l'inégalité, p. 125.
24. Discours sur l'inégalité, p. 126.
25. Discours sur l'inégalité, p. 126.
26. Discours sur l'inégalité, p. 127.
27. Discours sur l'inégalité, p. 147.
28. Discours sur l'inégalité, pp. 146-147.
29. Discours sur l'inégalité, pp. 102-103.

30 Voltaire, Lettre à Rousseau du 30 août 1755, in Voltaire,
    Œuvres complètes - tome XI, Éditions Didot, Paris, 1869, pp.743-745.
31 Jean-Jacques Rousseau, Lettre à Voltaire du 17 juin 1760,
    in Œuvres complètes - tome XIX, pp.757-758.
32 Discours sur l'inégalité, Note IX, p. 169.
33 Discours sur l'inégalité, pp. 65-66.
34 Discours sur l'inégalité, p. 61.
35 Contrat social, p. 46.
36 Contrat social, p. 56.
37 Contrat social, p. 51.
38 Contrat social, p. 134.
39 Contrat social, p. 61.
40 Contrat social, p. 61.
41 Contrat social, p. 130.
42 Contrat social, p. 65.
43 Contrat social, p. 147.
44 Contrat social, p. 59.
45 Contrat social, p. 60.
46 Contrat social, p. 147.
47 Contrat social, p. 179.
48 Contrat social, pp. 74-75.
49 Contrat social, p. 178.
50 Contrat social, p. 66.
51 Contrat social, p. 179.
52 Jean-Jacques Rousseau, Émile ou De l'éducation.
    Éditions Garniers Frères, Paris, 1964, p. 83.
53 Émile, p. 5.
54 Émile, p. 60.
55 Émile, pp. 60-61.
56 Émile, p. 200.
57 Émile, p. 236.
58 Émile, p. 121.
59 Discours sur les sciences et les arts, p. 396.
60 Émile, p. 83.
61 Observations de Jean-Jacques Rousseau de Genève sur la réponse
    qui a été faite à son discours par le Roi de Pologne,
    in Œuvres complètes – tome IV, p. 468.
62 Contrat social, p. 134.

63 Contrat social, p. 106.
64 Discours sur l'inégalité, Note IX, p. 164.
65 Lettre à Voltaire du 18 août 1756, in Œuvres complètes – tome XVIII, pp. 360-361.
66 Discours sur l'inégalité, Note IX, p. 167.
67 Émile, p. 13.
68 Ibidem.
69 Discours sur les sciences et les arts, p. 418.
70 Discours sur les inégalités, p. 146.
71 Émile, p. 12.
72 Émile, p. 11.

Déjà paru dans la même série:

Walther Ziegler
Camus en 60 minutes
1ère èdition janvier 2019
84 pages, Poche, € 9,99
ISBN 9782-3-2210-973-9

Walther Ziegler
Freud en 60 minutes
1ère èdition janvier 2019
88 pages, Poche, € 9,99
ISBN 9782-3-2210-969-2

Walther Ziegler
Hegel en 60 minutes
1ère èdition janvier 2019
124 pages, Poche, € 9,99
ISBN 9782-3-2210-965-4

Walther Ziegler
Kant en 60 minutes
1ère èdition janvier 2019
148 pages, Poche, € 9,99
ISBN 9782-3-2210-962-3

Walther Ziegler
Marx en 60 minutes
1ère èdition janvier 2019
104 pages, Poche, € 9,99
ISBN 9782-3-2210-967-8

Walther Ziegler
Nietzsche en 60 minutes
1ère èdition janvier 2019
152 pages, Poche, € 9,99
ISBN 9782-3-2209-114-0

Walther Ziegler
Platon en 60 minutes
1ère èdition janvier 2019
104 pages, Poche, € 9,99
ISBN 9782-3-2210-956-2

Walther Ziegler
Rousseau en 60 minutes
1ère èdition janvier 2019
104 pages, Poche, € 9,99
ISBN 9782-3-2210-960-9

Walther Ziegler
Sartre en 60 minutes
1ère èdition janvier 2019
116 pages, Poche, € 9,99
ISBN 9782-3-2210-971-5

Walther Ziegler
Smith en 60 minutes
1ère èdition janvier 2019
100 pages, Poche, € 9,99
ISBN 9782-3-2210-958-6

À paraître dans la même série:

Walther Ziegler
Adorno en 60 minutes

Walther Ziegler
Arendt en 60 minutes

Walther Ziegler
Habermas en 60 minutes

Walther Ziegler
Foucault en 60 minutes

Walther Ziegler
Heidegger en 60 minutes

Walther Ziegler
Hobbes en 60 minutes

Walther Ziegler
Popper en 60 minutes

Walther Ziegler
Rawls en 60 minutes

Walther Ziegler
Schopenhauer en 60 minutes

Walther Ziegler
Wittgenstein en 60 minutes

Auteur:

Walther Ziegler est professeur d'université et docteur en philosophie. En tant que correspondant à l'étranger, reporter et directeur de l'information de la chaîne de télévision allemande ProSieben, il a produit des films sur tous les continents. Ses reportages ont été récompensés par plusieurs prix. En 2007, il prit la direction de la « Medienakademie » à Munich, une Université des Sciences Appliquées et y forme depuis des cinéastes et des journalistes. Il est l'auteur de nombreux ouvrages philosophiques, qui ont été publiés en plusieurs langues dans le monde entier. Dans sa qualité de journaliste de longue date, il parvient à résumer la pensée complexe des grands philosophes de manière passionnante et accessible à tous.